Made in the USA
Monee, IL
28 December 2021

87426749R00063